www.ingramcontent.com/pod-product-compliance
Lightning Source LLC
Chambersburg PA
CBHW061317140726
47998CB00006B/2439

* 9 7 8 9 9 4 8 0 4 9 2 8 9 *

وُلِدَت إيمان آل بيهان عام 1409 بمدينة أبها، وهي الابنة الوسطى للشاعر أحمد بيهان.

جزء مِن دراستها الابتدائية بأبها، وجزء منها بجدَّة، وجزء بالمدينة المنوَّرة التي أكملَت بها دراستها حتَّى تخرَّجَت في جامعة طيبة بدرجة البكالوريوس في القرآن الكريم والدراسات الإسلامية.

عملَت في قطاع التعليم لعدَّة سنوات، ثمَّ انتقلَت إلى وزارة الداخلية، حيث عُيِّنَت واعظة بسجون منطقة المدينة المنوَّرة عام 1440هـ.

الإهداء

إهداء لذلك الطبيب الذي وَجد في الركض حياةً لجسده، ثمَّ أخبرَ الجميع، وأخذ يركض، ويركض، ويركض، حتَّى مات راكضًا.

ولذلك الشَّخص الذي راقبَ المشهد، وما تعلَّمَ منه شيئًا.

إيمان آل بيهان

ديم الضياء

AUSTIN MACAULEY PUBLISHERS™
LONDON • CAMBRIDGE • NEW YORK • SHARJAH

الرقم الدولي الموحد للكتاب 9789948049289 (غلاف ورقي)
الرقم الدولي الموحد للكتاب 9789948049296 (كتاب إلكتروني)

رقم الطلب: MC-10-01-8467326
التصنيف العمري: +17

تم تصنيف وتحديد الفئة العمرية التي تلائم محتوى الكتب وفقًا لنظام التصنيف العمري الصادر عن وزارة الثقافة والشباب

الطبعة الأولى 2022
أوستن ماكولي للنشر م. م. ح
مدينة الشارقة للنشر
صندوق بريد [519201]
الشارقة، الإمارات العربية المتحدة
www.austinmacauley.ae
+971 655 95 202

شكر وتقدير

قبل البدء وبعد الانتهاء، شكرًا لَمَن وقفوا خلفي بحبٍّ حتَّى أتممتُ أحرفي، زوجي، أهلي، دكتورة رسمية الغامدي، والملهمة أ/ نوال محمد البيشي.

مقدمة

بِاسم الله الذي قدَّر فَهدى..

بِاسم الله الذي أضحك وأبكى..

بِاسم الله الذي يجزي ساعيًا بما سعىَ..

ثمَّ بِاسم الله على قلبك الذي رأى.. تأمَّلَ.. تعلَّمَ، ووعىَ.

تنويه

ستعيش مرةً واحدة..

وبإمكانك أن تعيش حيواتٍ متعدِّدة..

تأمَّل،

ثمَّ تعلَّم،

ثمَّ عِش.

جهل أم جاهلية؟

في نظرة علوية خاطفة لهذه الأرض وما فيها، وفي تلك الزاوية مِن السوق الشعبي، حيث تتعالَى أصوات الباعة، تنطق سعرًا، وترقب مِن أي يد يكون الدرهم، كلٌّ يبحث، فباحث عمَّا يبتاع، وباحث عمَّا يبيع.

وفي زاوية أخرى عائلة اجتمعَت على طاولة طعام، يد ممتدَّة، ويد عائدة، وأصوات الصغار تنساب كأنَّما هي مقطوعة غنائية منَّا مَن يطرب لها، ومنَّا مَن تثور ثائرته عليها، بيدَ أنَّ هناك أصواتًا أخرى تطرق آذان المصغي، ويفطن لها قلب المتأمِّل، فخلف تلك الثياب والأناقة المبتذَلة قلوب لا زالت تُؤَلِّه الأوثان، وتحلف باللات والعزَّى وإنِ اختلف المُعظم.

هم رغم حضاراتهم ودياناتهم يكذبون، يغشُّون، يشهدون الزُّور، ويدفنون بناتهم في تراب اللا نِقاش، وقبر اللا تفكير، ويغزون أقوامًا لأجل بذلة سُرِقَت، أو كلمة نُطِقَت، ثمَّ لا ينجُو مِن ذلك كلِّه سِوَى قلب يترك ضيق دنياهم إلى فساحة الغار،

صارخًا للغتهم: ما أنا بقارئ، نائيًا بقلبه وبدنه وروحه، ولسان حاله:

﴿لَكُمْ دِينُكُمْ وَلِيَ دِينِ﴾

(الكافرون: 6)

على قَدر

الأربعاء - 28 يوليو- 1976م- صباح ككلِّ صباح أشرقَت شمسه كأي يوم آخَر في ذلك الجانب مِن الصين، حتَّى بدأ صوت الكلاب يتهادى إلى الآذان، ثم يعلو ويعلو، ويستمرُّ بلا توقُّف، وكأنَّما هم في غزوة ضدَّ البشر.

كلُّ مَن في المدينة لَم يستطِع تجاهُل ذلك الصوت وتلك الأعداد المتزايدة التي أقضتِ المضاجع، ورهبَتها الأنفس، ثمَّ يأتي القرار الحكومي بضرورة إخلاء المدينة.

الخطوات متثاقلة، تجرُّ خلفها خيبة، وحسرة، وألم فِراق، وذكريات تُفدَى بماء العين، وأدمع عجائز رسمَت خطوط أوجههم في تلك المدينة.

أربع وعشرون ساعة فقط خلَت خلالها منازل ومساكن، وهُجِرَت مدينة كاملة كأنَّها لَم تُسكَن مِن قبل، والسَّبب بضعة كلاب!

وحيثُ ذهبَت بهم أقدامهم، ذهب معهم حنقهم وغضبهم ورفضهم – ولا ملامة – تشرُّد بعد استقرار، وغِناء استحال فَقرًا وصِفرًا.

ما زال صوت الكلاب يعلو ثمَّ يعلو حتَّى أَصمَّتَها زلزال يضرب المدينة، فكانت نِسيًا منسِيًّا.

وكأنَّها لَم تكُن.. وكأنَّها لَم تُسكَن.. وكأنَّها لَم تُعمَر.. وكأنَّها لَم تقُم لها قائمة.

تلك الصرخات باتت حمدًا وشكرًا، ودوَّت تراتيل الرِّضا، واستحال الحنق فرحًا، فماذا لو صمتَتِ الكلاب وأشرقَت شمسهم، وما أشرقَت أرواحهم؟!

﴿إِنَّا كُلَّ شَيْءٍ خَلَقْنَاهُ بِقَدَرٍ﴾

(القمر: 49)

أيَهجر الإنسان ما أحَبَّ؟!

يخفق القلب، ثمَّ تسرِي خفقاته لتحرك كل تلك الخلايا، فالأعين تنطق، الجوارح تترنَّم، والأنامل ترسم على صفحات الأيام أسمى المعاني، فيأتي ذلك الشابُّ الذي لَم يتجاوز العشرين مِن عمره ليضطجع على فراشٍ يعلم أنَّه قد لا يقوم منه إلا محمولًا بعد قَتله، ثمَّ يصرخ الآخَر: نحري دون نحرك.

يأتي أحدهم إلى نبي الحبِّ (صلَّى الله عليه وسلَّم) وقد امتلأَ قلبه فينطق: "إنِّي أحبُّ فلانًا"، فيربت على قلبه: "أعلِمه، فإنَّه أثبتُ للموَدَّة بينكما".

رواه ابن أبي الدنيا

كيف لا والحبُّ رِزق يُودَع في قلبك لتقدِّمه لغيرك بأحرفك وفِعلك؟! بل حتَّى إنَّه يزاحم دعواتك، فتنطق ذلك الاسم في كلِّ سؤال خير أتيتَ به إلى خالقك.

رزق يُودَع في قلبك ليقرّبك ممَّن أودَعَه في قلبك "ما تحابَّ اثنان في الله إلا كان أحبُّهما إلى الله أشدَّهما حبًّا لصاحبه".

صحَّحَه الألباني

يمشي معاذ، ويمشي غيره، ولكنَّها كانت لحظة السعادة التي يأتي فيها محمد (صلَّى الله عليه وسلَّم)، ويمسك بيده في شعور دافئ يتسلَّل لقلب معاذ، فيغمره ويسكنه، ثمَّ ينطق: "يا معاذ، والله إنِّي أحبُّك".

وفي زاوية أخرى لنفس هذه الأمَّة يخجل البعض مِن "أَعلِمه"، ويتحرَّج مِن "والله إنِّي أحبُّك"، وترمقك الأعيُن حين تمسك يد صاحبك!

آذانهم قد سُكِّرَت عن قوله: "ولا تُؤمنوا حتَّى تحابُّوا"

أخرجه مسلم

هم ينتسبون لهذا الدين الذي جعل الحبَّ ركنًا للعبادة، ودلالة على صدق الاتباع، وأمارة على طهارة القلب، بل جعله أوثق عُرى الإيمان.

قسَت قلوبهم فتحجَّجوا بهذا الدين،

و﴿لَعَمْرُكَ إِنَّهُمْ لَفِي سَكْرَتِهِمْ يَعْمَهُونَ﴾

(الحجر: 72)

تجرَّدَت عبادتهم عن صدق المحبَّة، فنادَوا بالسُّنَن المهجورة!

أيهجُر الإنسان ما أحَبَّ؟!

على قلبك

يوم جديد، ضياء يعلن بداية صبح متنفس، وروح أعادها الله لذلك الجسد الذي أصبح متألمًا على غير عادة.

أزال عن نفسه كسل الأمس وثِقَل الألم، ووثبَ مِن فراشه، ليُجلِسه الألم كرَّةً أخرى.

شيءٌ ما يُؤلمه تجاه قلبه، اجترَّ قدَمَيه المثقلتَين، وذهب قاصدًا طبيب العيون، فيبدع ذاك الطبيب، ويستحضر كلَّ عِلمه ليصرف له قطرة معقمة، ويأمره بمراجعته بعد مضيِّ شهر إن لَم يجد تحسُّنًا.

أخذ يقرأ تعليمات الطبيب، وينفِّذ كلَّ ما كُتِب، والعجب كل العجب أن شعرَ بتحسُّن، وبعد التحسُّن خفَّة وراحة، حتَّى أقبَلَ الليل، واكتحل سواده، فإذا بالألم يطرق باب قلبه مرَّة أخرى، وكأنَّما عاد ليأخذ بثأره.

يسرع إلى قطرته، يضع نقطة، نقطتين، يصبُّها صبًّا، ولا مناصَ، ثمَّ يملؤنا العجب منه ونحن مثله!

ضاقت صدورنا، فطرَقنا كلَّ باب غير بابه، ففاض الضيق مِن أعيُننا أدمعًا حرَّى،

﴿وَأَنَّهُ هُوَ أَضْحَكَ وَأَبْكَى﴾

(النجم: 43)

أنزل إلينا شفاءَ قلوبنا، فوضعناه على الأرفف، أو سكَبناه على الآذان والألسُن، فلا عقلًا وعَى، ولا قلبًا سكن،

﴿كِتَابٌ أَنزَلْنَاهُ إِلَيْكَ مُبَارَكٌ لِّيَدَّبَّرُوا آيَاتِهِ وَلِيَتَذَكَّرَ أُولُو الْأَلْبَابِ﴾

(ص: 29)

اسكبه على قلبك تنجُ، واسكبه على عقلك تسمُ، واسكبه على ألمك يبرأ.

فُقاعتَا صابون

حَرٌّ شديد، وأنفُس متعَبة، وفي زاوية المكان كأس مسموم امتدَّت له يدها لترتوي، فجاءها التَّحذير على حين صحوة: "انتبِهي.. إنَّه كأس مسموم"، ليقف بينهما إمَّا الموت وإمَّا السُّموم.

صرخة واحدة أجابَت ذلك التحذير: "ليس شأنك، إنَّه شأني"، لتسطر على صفحات هذا الكون قصة ثبات بلهاء، وقوة شخصية صمَّاء، واستقلالًا أشبه بالعته.

ثمَّ تشرب، ترتوي، وتسقط كأنَّها لَم تكُن شيئًا مذكورًا، وما أشبَهَ اليوم بالأمس حين صرخَت أمُّ مصعب – رضي الله عنه – حين دعاها لتشهد أن لا إله إلا الله: "أقسم بالثواقب ألَّا أشهد". ثمَّ مضَت ولَم تكُن شيئًا.

كأنَّما هما فقاعَتا صابون ارتفعَت وارتفعَت، ثمَّ طارت، ثمَّ تلاشَت.

ذلك الثَّبات الذي لا يُبصر ما هو إلا عمى، وتلك الخطوات التي لا تقصر ما هي إلا سقوط.

﴿**يُثَبِّتُ اللَّهُ الَّذِينَ آمَنُوا بِالْقَوْلِ الثَّابِتِ فِي الْحَيَاةِ الدُّنْيَا وَفِي الْآخِرَةِ...**﴾

(إبراهيم: 27)

اثبت لأجله يثبِّتك، التزِم بأمره ينجِّك، ويُعلِك، ويُجزِك.

غيث

تقسو الحياة على مَن دارَ فيها، حيث لا راحة ولا سلام إلا عند خطوة أولى لمؤمن في الجنة، بيد أنَّ تلك القسوة تجلَّت على القسمات بِشرًا، وسعدًا، وتهلُّلًا:

تراه إذا ما جئته متهلِّلًا
كأنَّك تعطيه الذي أنتَ سائِله
ولو لَم يكُن في كفِّه غير رُوحه
لجادَ بها فليتَّقِ الله سائله
هو البحر مِن أيِّ النواحي أتيتَه
فلُجَّته المعروف والجود ساحله

نال بتلك القسمات ما لَم ينَله الصائمون القائمون، فحين أظمؤوا شفاههم أظمأ نفسًا بين جنبَيه تأمر بالسوء، وتنازعه ليغضب.

وحين قاموا سويعاتٍ أقام نفسًا وقوَّمها لأجل خالقه، فكظم غيظًا، وعفَا وأصلَح، أعانَ وساندَ، وانطلَق وجهه كأنَّما في ابتسامته الغيث الذي يهطل على جدب القلوب فيرويها، وكأنَّما حلمه تلك السحائب التي تأسر عينًا، وتواسي متأمِّلًا.

تقارَبَت روحه مِن السَّماء، فأخذَت مِن سماوتها ونقائها، علمَ أنَّ الدين المعاملة، فاقترَب ممَّن اقتدى به، وأدركَ ما لَم يدرِكه الغاضبون.

"إنَّ أحبَّكم إليَّ وأقربكم منِّي في الآخرة محاسنكم أخلاقًا".

صحيح ابن حبَّان

وقوله صلَّى الله عليه وسلَّم: "إنَّ المؤمن ليُدرِك بحُسن خلقه درجة الصائم القائم".

صحيح أبي داود

مَن قتلَ البحر الميِّت؟

بعينَين متلهّفتَين، وقلبٍ رحب، وفكرٍ متسائِل، كان يُسند رأسه الصغير على كتف أبيه، وبَين فينة وأخرى يطرح سؤالًا ليُصمِت بأعماقه بعضًا مِن فضول، يراه الأب الدنيا، ويرى هو الدنيا مِن تلك الكلمات، ويبصر طريقه في صوت أبيه.

سؤال واحد كان كفيلًا بشرح كلِّ هذه الدنيا: لماذا مات البحر الميّت؟ مَن قتلَه يا أبي؟

لحظات مِن الصمت، ثمَّ جاءَتِ الإجابة صادمة: لقد قَتل نفسه.. هذا البحر يا بنيَّ ليس كغيره؛ فهو في منطقة منخفضة جدًّا، بل إنَّها أخفض منطقة في هذه الدنيا، هذا البحر يا بنيَّ لانخفاضه لا يُعطِي الفائض منه، فإنِ انهمَر المطر أبقاه في داخله، وإن صبَّت فيه مياه الينابيع احتفَظَ بها، حتَّى اجتمَعَ ملحه بملح كلِّ تلك المياه، فتجاوَزَ كونه أجاجًا، فلا حياة فيه لسمك ولا محار، ولَم يعد لفرط أخذه يشبه البحار.. قتَلَ

نفسه حين احتفَظَ بكلِّ شيء، تعطَّلَت فيه قاعدة الأخذ والعطاء، فمات عطشًا رغم امتلائِه بالماء.

كلُّنا بحر يا بنيَّ، فإن أَعطَينا حَيِينا واغتنَينا، وإن أمسَكنا حزنًا ثمَّ خسِرنا، ثمَّ قُتِلنا بأيدينا، و"ما نقصَ مالٌ مِن صدقة".

رواه الترمذي

ماذا يقول الناس؟

رنَّ جرس المدرسة مُعلِنًا بداية وقت الإفطار، أصوات الضحكات تعلو، ونبرة الأطفال تملأ السَّاحات، البعض يركض، والبعض يستعرض مهاراته البدنية، وهناك مجموعة لا يفرق وقت عندها عن الآخَر، فتراهم منكبِّين على كُتُبهم وكأنَّما يبحثون بين أسطرها عمَّا لَم يقُله المعلِّم.

وفي تلك الزاوية البعيدة يجلس طفل جميل الوجه، حَسَن المظهر، تكاد تقسِم أنَّه لَم يمرَّ بتراب قَط، ولَم تعفِّر يديه الحلوى، طفل اختلطَت براءته بملامح الحزن والخوف والترقُّب، هو لا يضحك، ولا يبتسم، حتَّى إنَّه لا يأكل، الطعام أمامه، والأطفال يلعبون حوله ولا يكترث، يلتفت يمنة ويسرة، حتَّى إذا ما اطمأَنَّ قلبه، وتبسَّمَت شَفتاه، رفع يده ليأكل بطعامه، فإذا بطفل آخَر ذي شعر أشعث، وثياب تكاد لا تُميِّز لونها ينقضُّ عليه كما ينقضُّ النَّمِر على فريسة وحيدة، يُسقِط ما بيده، ويَضحك ساخرًا، ثمَّ يضحك أطفال آخَرون،

ويردّدون كلمات حفظَتها ألسنتهم أكثر مِن أسمائهم، ينتقدون لبسه، نظافته، هدوءَه، طريقة كلامه، ويستمرُّون ساخرين حتَّى تدمع عيناه، فينتقدون دمعه!

ذلك الطفل راقٍ جدًّا، مُهذَّب، متعلِّم، ولبِق، بيدَ أنَّه نشأ في ذلك البيت الجميل الذي تزيَّنَت غُرَفه بأرقى المفروشات وأجملها، جمعَها ذلك الأب وتلك الأم لتنال إعجاب كلِّ مَن قَدِمَ إليهم.

غرفة نوم ذلك الصغير تمَّ جلبُها مِن بلاد بعيدة، هو لا يحبُّها، ولا تروق له، لكنَّها ستُعجِب كلَّ مَن يراها.

بيت مليء بتفاصيل مذهلة اختِيرت بدقَّة متناهية لتحصل على ثناء الناس، ذلك البيت قائمٌ على مبدأ "ماذا يقول الناس؟"

هو لَم يستمع منذ صغره إلا لَه، لَم يقتنع ذلك القلب الصغير أنَّ رِضاء الناس غاية لا تُدرَك، ولَم يدخل إلى قلبه أنَّ النَّاس لا تملك نفعًا ولا ضرًّا، وأنَّ السيئ مِن كلام الناس إن لَم يطر به الهواء فهو يُداس.

أذابوا قلبه وتفكيره وشخصيَّته في ماء تلك الكلمات، فتجرَّأَ عليه السفيه ومُنعدِم الخُلُق، ثمَّ لَم يقوَ على مجابهتهم، إذ كيف يُجابِه مَن يهمُّه رَأيه، وتقدَّسَ في قلبه حديثه؟! فيا لَيته عَلِمَ ما قاله ابن القَيِّم فيهم: "كلام الناس لا مقدور، ولا مأمور، ولا مأثور".

الفرق كلمة

جاءت البشرى، وتهلَّلَتِ الأوجه لتضاهي بفرحتها البدر في تمامه، فهناك جنين صغير ينمو بداخلها، فلا تسَل عن حجم سعدهم بذاك الخبر، ولا تسَل عن الأحلام التي رُسِمَت، والآمال التي بُنِيَت لأجل ذلك الطفل!

سريعة هي لحظات الفرح، ثقيلة لحظات التَّعب.. مرَّتِ الأشهر ثقيلة

﴿وَهْنًا عَلَى وَهْنٍ﴾

(لقمان: 14)

ثمَّ ازدان كَونهما بوجهه الصغير، وداعبَت قلبَيهما تلك اليدان، وينهال الأحبَّة مِن كلِّ حدب وصوب ما بين مُبارِك ومُهنِّئ، حتَّى أقبلَت هي، جاءت مِن أقصى المدينة تسعى، تحمل بين كفَّيها أكوامًا مِن الهدايا، وابتسامة هادئة على ثَغرها،

تحمل ذلك الصغير، تُقَبِّله ثمَّ تنطق (وكَم مِن ناطقٍ صادق يا ليتَه ما نطقَ): "هذا الطفل سيَموت عاجلًا أم آجِلًا".

كلمة واحدة قلبَتِ الموازين، وأظلمَت بها كلَّ ضوءٍ للسعادة، حتَّى تلك المحَبَّة المخبوءة في قلب تلك الأمِّ استحالَت في لحظة واحدة إلى غضب ومقتٍ، والعجب كل العجب أنَّها كلمة صادقة، فهذا الطفل وإن عاش قرنًا كاملًا سَيَموت يومًا، لا أحدَ سيهرب مِن الموت، وما بين كلمة صادقة وكلمة طيبة بُعدُ المشرقَين، وما بين أثر هذه وأثر هذه سَماء وظِلٌّ، فـ "الكلمة الطيّبة صدقة".

رواه البخاري

وفي وميض آخَر: "كلُّ امرئٍ في ظِلِّ صَدقته حتَّى يُقضَى بين النَّاس".

صحيح ابن حبان

فكم سَيَطول ذلك الظِلُّ؟ وكم سيقصُر؟ والفَرق كلمة.

5% فقط

حكيم هو ذلك الرَّجل الذي أدار عمله، ثمَّ أدار تجارته، توسَّعَ في كلِّ شيء، وألَمَّ بكلِّ مجال، خلا أنَّه بسيط، تلقائي، واثق جدًّا في تعاملاته وعلاقاته.

في جانبٍ ما مِن حياته رَجل آخَر، يحبُّه ربَّما، يقتدي به ربَّما، والأصحُّ مِن كلَيهما أنَّه ينافسه، فلا يكاد يطرق بابًا حتَّى يطرقه قَبله أو معه، وربَّما بَعده بلحظات.

عشرون عامًا يتقلَّبان مِن عملٍ لآخَر، ومِن تجارة لأخرى، حتَّى ألقَت به بساطته وثِقته في هاوية الغدر والخيانة، ففقَدَ كلَّ ما ملكَ، وضاقت عليه أرضه، فتركها إلى أرض لا يعرفه فيها أحد، وصحبَ أهله، وصديقًا وحيدًا أبَى أن يتركه لغربته.

أخذ يستجمِع نفسه، ويلمُّ شتاته، لينطلق مرَّة أخرى في طريق

﴿فَامْشُوا فِي مَنَاكِبِهَا وَكُلُوا مِن رِّزْقِهِ﴾

(المُلك: 15)

توالَتِ الأفكار عليه، وبدأ رحلة البحث والجدِ والعمل الدؤوب، لمعَت في رأسه فكرة آسِرة، شركة سياحية في مدينة لا تشبهها أخرى، كلُّ شيء تمَّ على أكمل وجه، لا توجد عوائق سِوَى وسيلة مواصلات لنقل السائحين، يبحث.. يخطِّط.. يجدُّ، وينطلق.

يذهب إلى الصين ومعه مواصفات وأوراق واتِّفاقات تحمل بين طياتها حلمٌ مُترقَّب، وحياة تتجدَّد، يصل إليها حاملًا أملًا، ويعود وقد أطفأ ذلك الأمل بنفسه!

في الصين تنصُّ اتِّفاقية الشركة على زيادة بمقدار 5% فقط، ليجد نفسه مُخَيَّرًا بين خسارة ورِبا،

﴿يَمْحَقُ اللَّهُ الرِّبَا﴾

(البقرة: 276)

يقاوم هَوَى النَّفس وشياطين التفكير، تبرق في ذاكرته صُوَر أبنائه وحاجاتهم ومتطلبات الحياة، فذاك ابن سَيُقيم عُرسَه،

وتلك ابنة تشقُّ مسيرتها الجامعية، وهناك صغار يرقبون منه ما يرقب الصِّغار مِن والدهم.

يرفض ويعود حاملًا أملًا مطفَأً، وخسائر في تفكيرنا البشري قد لا تُعوَّض، ولكن.. شهدَ الله، الملائكة كتبَت، ونفسه آمنَت ثمَّ توكَّلَت.

حطَّت قدمه على أرض الوطن، وحطَّ معها خيبة وحُطام حلم، ومال تلاشَى، وعودة لِمَا تحت نقطة الصِّفر.

يُخبِر الجميع بما حدثَ، فيغدون بين مؤيِّد ولائِم، بيدَ أنَّ قلبه مطمئِنٌّ، وبنظرة حانية لابنته المقرَّبة يردِّد ويعيد: "لن يضيِّعَني الله".

هادئة كانت تلك الليلة إلا مِن دعوات صادقة، وهمس صلاة في كلِّ زاوية مِن زوايا ذلك البيت، ليلة تِلوَ ليلة والصَّمت مُطبق، والعقل يحار، والنَّفس تثق وتتوكَّل.

خمس ليالٍ ثقيلة يرنُّ بَعدها جرس هاتفه، عجبًا! إنَّه أبو فلان (صديقه المُنافِس!)

يُجيب، يرحِّب، يهش له ويبش، ثم يدوي السؤال:

- ماذا فعلتَ في الصين؟

ليكسوه الصمت برهة، ثم ينطق:

- الحمد لله، شيء لَم يُرِده الله، فما كان.

- يا أحمد.. أنتَ تَعلم أنِّي أملك شركة نقل، تخيَّر منها ما تريد، ضَع اسم شركتك عليها، ولا تسدِّد لي شيئًا قَبل تعويض خسارتك، أنتظرُك نهاية الأسبوع.. ثم يُغلِق.

فلا تسَل عن حال قلبه، وسَل عن حال قلبك حين يغمره عوض الله كأنَّه كوثر لا تظمأ بعده أبدًا، فمَن ترك شيئًا لله عوَّضَه الله خيرًا منه، ومَن توكَّلَ على الله كفاه، ونصره، وآواه.

ثلاث برتقالات

الإيحاء، ومحادثة النفس، والتأمُّل في تفاصيل الحياة التي لا نُلقي لها بالًا هي جلسة ترمِّم ما غيَّرته سرعة الحياة في بناء أنفسنا.

هذا تحديدًا ما فعلَته البرتقالات الثلاث ذات مساء.. دخل الزوج وبيده ما طلبَته زوجته بإصرار (شيء مِن البرتقال)، لَم تعتقد أنَّه سيَأتيها بثلاث برتقالات فقط!

شكرته حتمًا، وفي قلبها سؤال: ثلاث فقط؟ قرَّرت أن تتركها لأمِّها وأبنائها، وبعقل بَشري محدود ظنَّت أنَّها لا تكفي لأكثر مِن ذلك.

يمضي اليوم الأول ولَم تُؤكَل سِوَى برتقالة واحدة تشارَك فيها جميعُ مَن في المنزل.

اليوم الثاني تعود لمنزلها بعد يوم عمل طويل لتجد كعكة صنعَتها أمُّها مستخدِمةً فيها ما تبقَّى مِن البرتقال، صائمة هي تلك الأم، وقد قرَّرَتِ الذَّهاب للإفطار في الحرم النبوي الشريف برفقة صديقتَيها، وأخذَت معها شيئًا مِن الكعك.

في الحَرم.. تُقبِل امرأة ضعيفة يبدو أنَّها مغتربة أو معتمِرة.. تجلس وأعيُنها تحلِّق في جنبات الحَرم، لتمدَّ لها تلك الأمُّ بقطعة مِن الكعك، تسعد بها، تشكرها، تأكلها، وابتسامة تعلو مُحَيَّاها.

فيا عجبي لثلاث برتقالات تباركَت حتَّى أكلَ منها أهل البيت، والأصدقاء، والغرباء!

ويا عجبي لرزقٍ قُسِمَ، فتُساق لأجله امرأة مِن المغرب العربي، لتصنع كعكًا مِن ثمرةٍ كُتِبَ فيها رزق لامرأة أخرى مِن أقصى الأرض، وتمده لها!

﴿لَا نَسْأَلُكَ رِزْقًا نَحْنُ نَرْزُقُكَ﴾

(طه: 132)

حياتك أفعالك

على طاولة الطعام عائلة مُجتمِعة، يُخيَّل لمَن ينظر إليها أنَّها أجمل عائلة على هذه البسيطة، كلُّ شيء منظَّم ومنسَّق، وبوسط الطاولة مجموعة مِن زنابق السلام البيضاء، وعلى وجه الأطفال ابتسامة ونظرة حالمة، يأكلون بصمتٍ وأدبٍ ووقار، كأنَّما حِيزَت لهم الدنيا في تلك الطاولة، حتَّى تسقط ملعقة ذلك الطفل، وتهبَّ العاصفة:

- غبي أنتَ؟ ملعقة فقط ولا تستطيع إمساكها! كم مرَّة قلتُ لك انتبِه، لكنَّك تأكل وعقلك في وادٍ آخَر، لو أنَّ ملعقتَك هاتف أو جهاز لَعبٍ لمَا سقطَت!

تتدخَّل الأمُّ:

- يكفي.. كلُّ هذا بسبب مِلعقة!

فتهبُّ عاصفة أخرى موجَّهة إليها، وكأنَّما أخطأَت خطأً عقديًّا أخرَجَها مِن ملَّة التوحيد!

تفرَّقَت تلك الطاولة على دمعة حرَّى، ونفس منكسرة، وثِقة مهتزَّة، وأعقب ذلك اليوم أيام مِن الغضب العارم، والنظرات الممتلئة عتبًا ولومًا.

وعلى طاولة طعام أخرى اجتمعَت عائلة أخرى، لا تفرق عن هذه العائلة سِوَى أنَّ الصَّمت المُطبق لتلك حديثٌ هانئٌ لهذه، وتلك الملعقة الساقطة حين دوَّت هناك أثارت عواصفَ ممتدَّة، وحين دوَّت هنا أثارَت ضحكات ومواساة وكلمات حانية.

كلاهما تعرَّضَ لنفس الموقف ونَفس الحدَث، لكن ردَّة فِعل دمَّرَت، وردَّة فِعل رمَّمَت، و"ليس الشديد بالصُّرَعة، إنَّما الشديد الذي يملك نفسه عند الغضب".

متَّفَق عليه

وفي قاعدة 90/10 المواقف التي تحدث لك تشكِّل 10% فقط مِن الواقع، وردَّة الفِعل تشكِّل 90% ممَّا يحدُث.

يُذَكِّرني ذلك بقصَّة قرأتُها قديمًا تحكي عن طفل كان يُربِّي قطَّة، ويأنس بها، ذات يوم خرج والده متأخِّرًا إلى عمله، فقام المدير بتقريعه ولومه، ونال منه ما نال، فأكمل يومه غاضبًا، حانقًا، ومُستفزًّا.

انتهَى عمله، وفي طريق عودته أخذ يصبُّ غضبه على كلِّ مركبة أمامه، وكلَّما زاد غضبه زادت سرعته، فأخذ مخالفتَين مروريَّتَين، ليزداد غضبًا على غضب.

يصل إلى بيته والشَّرَر يتطاير مِن عينه، تستقبله تلك القطَّة، ترحِّب به، فتحطُّ عند قدمَيه، فيركلها ركلة كادَت أن تُودِي بحياتها، يحزن طفله، ويتألَّم هو لِمَا فعلَ.

فمَن ركلَ القطَّة؟ ربَّما الجواب المنطقي الذي يتبادر لأذهاننا أنَّه الوالد، وربَّما لمَن يفكِّر قليلًا سيكون المدير المتسبِّب في كلِّ هذا الغضب، وربَّما لمَن يحبُّ إسقاط الأمور ستكون القطَّة قد ركلَت نفسها حين اقتربَت منه على حين غضب، لكن للمتأمِّل تأخيره، ومديره، وتلك القطَّة المسكينة، حَكَمَتها جميعها ردَّة فِعل.

شجرة الرُّمَّان الكبيرة

أمير اتَّخَذَ التَّواضُع دينًا، عادتُه أن يسير بين رعاياه، يتفقَّد أحوالهم، ويرعى مصالحهم، تأسره السماء الواسعة، وتذهل عينه البساتين، تبصر عينه ذات يوم بستانًا جميلًا، فيستظِلُّ بظلِّه، ويتأمَّل ازدهار أوراقه.

أقبلَت فتاة صغيرة لطيفة لترحِّب بالأمير، فيطلب منها ما يشربه، تطير كفَراشة سعيدة لتكرم ذا القلب الطيِّب، ثمَّ تأتي بكوب ملأَته عصير رُمَّان حُلو الطَّعم، لَم يذُق كحلاوته يومًا، فيسأل عن مصدره، فتبتسم بفخر:

- إنَّه مِن بستاننا، مِن شجرة الرُّمَّان الكبيرة، رمانة واحدة كانت كافية لملءِ هذا الكوب، فشجرتنا تُسقَى بماء عذب، نحن نعتني بها اعتناءً خاصًّا.

يطلب كأسًا أخرى، وقد قدحَت في ذهنه فكرة وتساؤل: أيُعقَل لبستانٍ كهذا به هذه الشجرة المميَّزة ثمَّ يكون لأحد غيري؟!

وما هي إلَّا لحظات حتَّى جاءت الصغيرة بين يديها كوبٌ قد امتلأَ نِصفَه فقط، تذوَّقَه الأمير فإذا به مُرٌّ كالعلقم!

تعجَّبَ وسألَ:

- هل اخترتِ شجرة أخرى؟

بتعجُّب أكبر أجابَته:

- كلَّا، إنَّها نفس الشجرة، وقد عصرتُ خمس رمَّانات، ولَم تمتلئ الكأس، ولا أعلم السبب!

يتأمَّل الكأس، ويتساءل: ما الذي تغيَّرَ؟!

لتجِيء الإجابة كصاعقة: لقد تغيَّرَت نيَّة الأمير، و"إنَّما الأعمال بالنِّيَّات، وإنَّما لكلِّ امرئٍ ما نوَى".

متَّفَق عليه

ضيَّعنا اللبن

دورة تدريبية قوية في الوسائل التربوية، الأعين شاخصة مترقِّبة، والبعض يكتب تلك المهارات ويلخِّص في محاولة للإلمام بكلِّ تلك الأساليب الأخَّاذة، وفي نهاية الدورة يُفتَح باب الأسئلة لتنهمر كسيل مُغدِق:

- ابني لا يقيم الصلاة.. ماذا أفعل؟

- اكتشفتُ كذب ابني.. ما الحلُّ؟

- ربَّيتُه حتَّى أصبح طبيبًا، لكنَّه لا يحترمني!

- يصدُّني ذلك الطفل كلَّما تحدَّثتُ معه!

- هو لا يستمع لكلماتي، ولا يُلبِّي احتياجاتي!

إجابة واحدة كانت تتكرَّر لسَيل الأسئلة: "الصيف ضيَّعتِ اللبن".

ماذا لو أعَدنا الزَّمن لنعرف ما وراء هذا المَثل؟

يروي رواة الأمثال أنَّ بطل القصة هو أحد سُراة الجاهلية ووُجهائها، وهو (عمرو بن عمرو بن عُداسٍ)، الذي تزوَّجَ ابنة عمِّه

بعد أن طعن في السنِّ وصار شيخًا كبيرًا، يُقال إنَّ اسمها كان (دَخْتَنُوس بنت لقيط بن زرارة)، وكان سخيًّا كريمًا عليها، يحبُّها ويحنو عليها، لكنَّها لَم تقنع بحالها، فقد كرهَت كِبَره وشيخوخته.

كانت دومًا تقارن حالها بحال صوَيحباتها اللاتي تزوَّجن مِن شباب يقاربنهنَّ في العُمر، وكانت تندب حظَّها العسِر الذي جعلها تتزوَّج مِن شيخ مُسِنٍّ مِثله، وتضيّع جمالها وشبابها في ظلِّه.

نسيَت ما يتمتَّع به زوجها مِن خِصال طيِّبة، ووجاهة وغِنًى، وكيف أنَّه يحبُّها ويكرمها، وظلَّت تتأفَّف مِن كِبره وشكله، إلى أن جاء يوم وضعَ رأسه في حجرها، فغفا وسال لعابه، فصحا وهي تتأفَّف وتذكر عيوبه التي تكرهها، فسألها: - أَيَسُرُّكِ أن أفارقكِ وأطلِّقكِ؟

قالت:

- نَعم.

فَطلَّقَها، وكان ذَلِكَ في الصَّيف.

وتزوَّجَت بعدَه شابًّا جميل المُحَيَّا مِن (آل زُرارة)، لكنَّه لَم يكُن بنفس وجاهة وشجاعة وكرم زوجها الأوَّل، ففي يوم أغارت عليهم قبيلة (بكر بن وائل)، فنبَّهَت زوجها الذي كان نائمًا حتَّى يدافع عنها وعن عِرضها، إلَّا إنَّه خاف واستعظَمَ القتال؛ فقد كان مدلَّلًا، فأصابه الفزع، وماتَ في مكانه.

وسبَاها قوم (بكر بن وائل)، ولكنَّ زوجها الأول حين سمع بذلك أسرعَ وأرسَلَ فرسانه ليستنقذوها مِن السَّبي والمهانة.

وتزوَّجَت بعد ذلك مِن شابٍّ آخَر، إلَّا إنَّه كان فقيرًا لدرجة أنَّها كانت تشتهي شرب الحليب الذي لَم تكُن تفتقده في بيت زوجها الأوَّل، بل كانت تشربه بديلًا عن الماء في كثير مِن الأحيان لوَفرته.

وفي يوم مِن الأيَّام كانت تقف هي وجاريَتها على باب خيمتها، ومرَّت أمامهما قافلة تسدُّ الأفق مِن بضائعها وإبلها، فطلبَت مِن جاريتها أن تسأل صاحب القافلة بعض اللبن مِن إبله، وحينما ذهبَتِ الجارية لصاحب القافلة، فإذا به عمرو بن عمرو، الزوج الأول، فطلب مِن الجارية أن تشير له على سيِّدتها، وحينما رآها وتعرَّفَ عليها قال للجارية:

- قُولي لسيِّدتكِ: الصَّيف ضيعتِ اللبن، أي إنَّكِ أضعتِ ما كنتِ فيه مِن عزٍّ وخير، وأسرعتِ بالزواج بغيري، فكيف أعطيكِ ما أضعتِه، فقد تزوَّجتِ مَن لَم يكونوا مثله في حبِّه وكرمه لها، أحدهم مات جُبنًا، والآخَر لَم يستطع أن يكرمها، حتَّى إنَّها اشتهَت اللبن مِن الغرباء.

ونحن حين أيقظناهم للمدرسة، وتجاهلنا نومهم عن الصلاة أضَعنا الصلاة والستر والطهارة، فحين قال صلَّى الله

عليه وسلَّم: "مُرُوهم بالصلاة لسبع" حدَّدَ وقتًا وأمرًا، فأمرُكَ بالصلاة أمرٌ بالطَّهارة التي هي شرط للصلاة، وأمرٌ بستر العورة، وأمرٌ بالالتزام واحترام الوقت، وفي سبع ضيَّعنا اللبن.

ذلك الطفل الذي كذب، وسرق، وأفسد، صَدَقَ يومًا فوبَّخناه، سرق يومًا فتجاهلناه، أفسد شيئًا فصغَّرناه، وفي صِغره ضيَّعنا اللبن.

ذلك الطبيب في فتوته أراد احترامًا فحقَّرناه، تلعثَم فاستهزَأنا به، انكبَّ على دراسته هربًا مِنا، فأيَّدناه وشجَّعناه، ونطلب اليوم منه احترامًا وعِرفانًا، وفي فتوته ضيَّعنا اللبن.

"كلُّكم راعٍ، وكلُّكم مسؤول عن رعيَّته، الإمام راعٍ ومسؤول عن رعيَّته، والرَّجل راعٍ في أهله ومسؤول عن رعيَّته، والمرأة راعية في بيت زوجها ومسؤولة عن رعيَّتها، والخادم راعٍ في مال سيِّده ومسؤول عن رعيَّته؛ فكلكُّم راعٍ ومسئول عن رعيَّته".

رواه البخاري

جُرمٌ لا يُذكَر

ارتفع الأذان، تسارعَتِ الخطوات تجاه المسجد، وخطَّت قدَمَا ذلك الشيخ معهم على الرَّغم مِن كِبَره ومرضه، ولسان حاله "أعظم الناس أجرًا في الصلاة أبعدهم، فأبعدهم ممشى".

أخرجَه البخاري ومسلم

مطمئنة.. هادئة.. مضَت لحظات الصلاة، أضافت لذلك القلب أجرامًا مِن أمان وسكينة.

أطال مكوثه في مأمنه في محاولة لاستنشاق أكبر قَدر مِن السَّكينة، وهَمَّ بالمغادرة متَّكِئًا على صوت ذِكره، حاملًا معه رائحة السلام المختبِئة بين ثناياه، ليصل إلى باب المسجد باحثًا عن حذائه.

يطول بحثه، تشتدُّ وطأة الشمس، ولا يجده، يعزم أمره، ويقفل عائدًا حافِيَ القدمَين تجاه منزله الذي يبدو له أنَّه تباعَدَ أكثر وأكثر.

دون أن يشعر، يضع قدمه المُثقَلة على زُجاجة تجرحه عميقًا بالقُرب مِن منزله، فلا يُلقِي لها بالًا، يغسلها، يعقِّمها، يلفُّها، ظنَّ أنَّه سيُشفَى سريعًا، لكنَّ ذلك لَم يكُن!

كلَّما مضى يوم ازداد جرحه سوءًا حتَّى أوصلَه إلى طوارئ المستشفى حيث الفاجعة!

- بَترٌ مُستعجَل لتلك القدم المتعفِّنة.

ابتدأَتِ القصَّة بسرقة حذاء، وانتهَت ببَتر قدَم، والسارق ما زال يظنُّ أنَّ جُرمَه لا يُذكَر!

﴿وَتَحْسَبُونَهُ هَيِّنًا وَهُوَ عِندَ اللَّهِ عَظِيمٌ﴾

(النور: 15)